Trois Discours

sur la condition des Grands

Prière pour demander à Dieu
le bon usage des maladies

PASCAL

Edition : Books on Demand, 12/14, rond-point des Champs Elysées, 75008 Paris
Impression : Books on Demand GmbH, Norderstedt, Allemagne.
ISBN : 9782322144150
Dépot légal : juin 2018

TROIS DISCOURS
SUR LA CONDITION DES GRANDS

Pour entrer dans la véritable connaissance de votre condition, considérez-la dans cette image.

Un homme est jeté par la tempête dans une île inconnue, dont les habitants étaient en peine de trouver leur roi, qui s'était perdu ; et, ayant beaucoup de ressemblance de corps et de visage avec ce roi, il est pris pour lui, et reconnu en cette qualité par tout ce peuple. D'abord il ne savait quel parti prendre ; mais il se résolut enfin de se prêter à sa bonne fortune. Il reçut tous les respects qu'on lui voulut rendre, et il se laissa traiter de roi.

Mais, comme il ne pouvait oublier sa condition naturelle, il songeait, en même temps qu'il recevait ces respects, qu'il n'était pas ce roi que ce peuple cherchait, et que ce royaume ne lui appartenait pas. Ainsi il avait une double pensée : l'une par laquelle il agissait en roi, l'autre par laquelle il reconnaissait son état véritable, et que ce n'était que le hasard qui l'avait mis en place où il était. Il cachait cette dernière pensée, et il découvrait l'autre. C'était par la première qu'il traitait avec le peuple, et par la dernière qu'il traitait avec soi-même.

Ne vous imaginez pas que ce soit par un moindre hasard que vous possédez les richesses dont vous vous trouvez maître, que celui par lequel cet homme se trouvait roi. Vous n'y avez aucun droit de vous-même et par votre nature, non plus que lui : et non seulement vous ne vous trouvez fils d'un duc, mais vous ne vous trouvez au monde, que par une infinité de hasards. Votre naissance dépend d'un mariage, ou plutôt de tous les mariages de ceux dont vous descendez. Mais d'où ces mariages dépendent-ils ? D'une visite faite par rencontre, d'un discours en l'air, de mille occasions imprévues.

Vous tenez, dites-vous, vos richesses de vos ancêtres ; mais n'est-ce pas par mille hasards que vos ancêtres les ont acquises et qu'ils les ont conservées ? Vous imaginez-vous aussi que ce soit par quelque loi naturelle que ces biens ont passé de vos ancêtres à vous ? Cela n'est pas véritable. Cet ordre n'est fondé que sur la seule volonté des législateurs qui ont pu avoir de bonnes raisons, mais dont aucune n'est prise d'un droit naturel que vous ayez sur ces choses. S'il leur avait plu d'ordonner que ces biens, après avoir été possédés par les pères durant leur vie, retourneraient à la république après leur mort, vous n'auriez aucun sujet de vous en plaindre.

Ainsi tout le titre par lequel vous possédez votre bien n'est pas un titre de nature, mais d'un établissement humain. Un autre tour d'imagination dans ceux qui ont fait les lois vous aurait rendu pauvre ; et ce n'est que cette rencontre du hasard qui vous a fait naître, avec la fantaisie des lois favorables à votre égard, qui vous met en possession de tous ces biens.

Je ne veux pas dire qu'ils ne vous appartiennent pas légitimement, et qu'il soit permis à un autre de vous les ravir ; car Dieu, qui en est le maître, a permis aux sociétés de faire des lois pour les partager ; et quand ces lois sont une fois établies, il est injuste de les violer. C'est ce qui vous distingue un peu de cet homme qui ne posséderait son royaume que par l'erreur du peuple ; parce que Dieu n'autoriserait pas cette possession et l'obligerait à y renoncer, au lieu qu'il autorise la vôtre. Mais ce qui vous est entièrement commun avec lui, c'est que ce droit que vous y avez n'est point fondé, non plus que le sien, sur quelque qualité et sur quelque mérite qui soit en vous et qui vous en rende digne. Votre âme et votre corps sont d'eux-mêmes indifférents à l'état de batelier, ou à celui de duc ; et il n'y a nul lien naturel qui les attache à une condition plutôt qu'à une autre.

Que s'ensuit-il de là ? que vous devez avoir, comme cet homme dont nous avons parlé, une double pensée ; et que si vous agissez extérieurement avec les hommes selon votre rang, vous devez reconnaître, par une pensée plus cachée mais plus véritable, que vous n'avez rien naturellement au-dessus d'eux. Si la pensée publique vous élève au-dessus du commun des hommes, que l'autre vous abaisse et vous tienne dans une parfaite égalité avec tous les hommes ; car c'est votre état naturel.

Le peuple qui vous admire ne connaît pas peut-être ce secret. Il croit que la noblesse est une grandeur réelle et il considère presque les grands comme étant d'une autre nature que les autres. Ne leur découvrez pas cette erreur, si vous voulez ; mais n'abusez pas de cette élévation avec insolence, et surtout ne vous méconnaissez pas vous-même en croyant que votre être a quelque chose de plus élevé que celui des autres.

Que diriez-vous de cet homme qui aurait été fait roi par l'erreur du peuple, s'il venait à oublier tellement sa condition naturelle, qu'il s'imaginât que ce royaume lui était dû, qu'il le méritait et qu'il lui appartenait de droit ? Vous admireriez sa sottise et sa folie. Mais y en a-t-il moins dans les personnes de condition qui vivent dans un si étrange oubli de leur état naturel ?

Que cet avis est important ! Car tous les emportements, toute la violence et toute la vanité des grands vient de ce qu'ils ne connaissent point ce qu'ils sont : étant difficile que ceux qui se regarderaient intérieurement comme égaux à tous les hommes, et qui seraient bien persuadés qu'ils n'ont rien en eux qui mérite ces petits avantages que Dieu leur a donnés au-dessus des autres, les traitassent avec insolence. Il faut s'oublier soi-même pour cela, et croire qu'on a quelque excellence réelle au-dessus d'eux ; en quoi consiste cette illusion que je tâche de vous découvrir.

SECOND DISCOURS

Il est bon, Monsieur, que vous sachiez ce que l'on vous doit, afin que vous ne prétendiez pas exiger des hommes ce qui ne vous est pas dû ; car c'est une injustice visible : et cependant elle est fort commune à ceux de votre condition, parce qu'ils en ignorent la nature.

Il y a dans le monde deux sortes de grandeurs ; car il y a des grandeurs d'établissement et des grandeurs naturelles. Les grandeurs d'établissement dépendent de la volonté des hommes, qui ont cru avec raison devoir honorer certains états et y attacher certains respects. Les dignités et la noblesse sont de ce genre. En un pays on honore les nobles, en l'autre les roturiers ; en celui-ci les aînés, en cet autre les cadets. Pourquoi cela ? Parce qu'il a plu aux hommes. La chose était indifférente avant l'établissement : après l'établissement elle devient juste, parce qu'il est injuste de la troubler.

Les grandeurs naturelles sont celles qui sont indépendantes de la fantaisie des hommes, parce qu'elles consistent dans des qualités réelles et effectives de l'âme ou du corps, qui rendent l'une ou l'autre plus estimable, comme les sciences, la lumière de l'esprit, la vertu, la santé, la force.

Nous devons quelque chose à l'une et à l'autre de ces grandeurs ; mais comme elles sont d'une nature différente, nous leur devons aussi différents respects. Aux grandeurs d'établissement, nous leur devons des respects d'établissement, c'est-à-dire certaines cérémonies extérieures qui doivent être néanmoins accompagnées, selon la raison, d'une reconnaissance intérieure de la justice de cet ordre, mais qui ne nous font pas concevoir quelque qualité réelle en ceux que nous honorons de cette sorte. Il faut parler aux rois à genoux ; il faut se tenir debout dans la chambre des princes. C'est une sottise et une bassesse d'esprit que de leur refuser ces devoirs.

Mais pour les respects naturels qui consistent dans l'estime, nous ne les devons qu'aux grandeurs naturelles ; et nous devons au contraire le mépris et l'aversion aux qualités contraires à ces grandeurs naturelles. Il n'est pas nécessaire, parce que vous êtes duc, que je vous estime ; mais il est nécessaire que je vous salue. Si vous êtes duc et honnête homme, je rendrai ce que je dois à l'une et à l'autre de ces qualités. Je ne vous refuserai point les cérémonies que mérite votre qualité de duc, ni l'estime que mérite celle d'honnête homme. Mais si vous étiez duc sans être honnête homme, je vous ferais encore justice ; car en vous rendant les devoirs extérieurs que l'ordre des hommes a attachés à votre naissance, je ne manquerais pas d'avoir pour vous le mépris intérieur que mériterait la bassesse de votre esprit.

Voilà en quoi consiste la justice de ces devoirs. Et l'injustice consiste à attacher les respects naturels aux grandeurs d'établissement, ou à exiger les respects d'établissement pour les grandeurs naturelles. M. N... est un plus grand géomètre que moi ; en cette qualité il veut passer devant moi : je lui dirai qu'il n'y entend rien. La géométrie est une grandeur naturelle ; elle demande une préférence d'estime ; mais les hommes n'y ont attaché aucune préférence extérieure. Je passerai donc devant lui ; et l'estimerai plus que moi, en qualité de géomètre. De même si, étant duc et pair, vous ne vous contentez pas que je me tienne découvert devant vous, et que vous voulussiez encore que je vous estimasse, je vous prierais de me montrer les qualités qui méritent mon estime. Si vous le faisiez, elle vous est acquise, et je ne vous la pourrais refuser avec justice ; mais si vous ne le faisiez pas, vous seriez injuste de me la demander, et assurément vous n'y réussiriez pas, fussiez-vous le plus grand prince du monde.

TROISIÈME DISCOURS

Je veux vous faire connaître, Monsieur, votre condition véritable ; car c'est la chose du monde que les personnes de votre sorte ignorent le plus. Qu'est-ce, à votre avis, d'être grand seigneur ? C'est être maître de plusieurs objets de la concupiscence des hommes, et ainsi pouvoir satisfaire aux besoins et aux désirs de plusieurs. Ce sont ces besoins et ces désirs qui les attirent auprès de vous, et qui font qu'ils se soumettent à vous : sans cela ils ne vous regarderaient pas seulement ; mais ils espèrent, par ces services et ces déférences qu'ils vous rendent, obtenir de vous quelque part de ces biens qu'ils désirent et dont ils voient que vous disposez.

Dieu est environné de gens pleins de charité, qui lui demandent les biens de la charité qui sont en sa puissance : ainsi il est proprement le roi de la charité.

Vous êtes de même environné d'un petit nombre de personnes, sur qui vous régnez en votre manière. Ces gens sont pleins de concupiscence. Ils vous demandent les biens de la concupiscence ; c'est la concupiscence qui les attache à vous. Vous êtes donc proprement un roi de concupiscence. Votre royaume est de peu d'étendue ; mais vous êtes égal en cela aux plus grands rois de la terre ; ils sont comme vous des rois de concupiscence. C'est la concupiscence qui fait leur force, c'est-à-dire la possession des choses que la cupidité des hommes désire.

Mais en connaissant votre condition naturelle, usez des moyens qu'elle vous donne, et ne prétendez pas régner par une autre voie que par celle qui vous fait roi. Ce n'est point votre force et votre puissance naturelle qui vous assujettit toutes ces personnes. Ne prétendez donc point les dominer par la force, ni les traiter avec dureté. Contentez leurs justes désirs ; soulagez leurs nécessités ; mettez votre plaisir à être bienfaisant ; avancez-les autant que vous le pourrez, et vous agirez en vrai roi de concupiscence.

Ce que je vous dis ne va pas bien loin ; et si vous en demeurez là, vous ne laisserez pas de vous perdre ; mais au moins vous vous perdrez en honnête homme. Il y a des gens qui se damnent si sottement, par l'avarice, par la brutalité, par les débauches, par la violence, par les emportements, par les blasphèmes ! Le moyen que je vous ouvre est sans doute plus honnête ; mais en vérité c'est toujours une grande folie que de se damner ; et c'est pourquoi il n'en faut pas demeurer là. Il faut mépriser la concupiscence et son royaume, et aspirer à ce royaume de charité où tous les sujets ne respirent que la charité, et ne désirent que les biens de la charité. D'autres que moi vous en diront le chemin : il me suffit de vous avoir détourné de ces vies brutales où je vois que plusieurs personnes de votre condition se laissent emporter faute de bien connaître l'état véritable de cette condition.

Prière pour demander à Dieu le bon usage des maladies

PASCAL

PRIÈRE POUR DEMANDER À DIEU
LE BON USAGE DES MALADIES

Seigneur, dont l'esprit est si bon et si doux en toutes choses, et qui êtes tellement miséricordieux que non seulement les prospérités, mais les disgrâces mêmes qui arrivent à vos élus sont les effets de votre miséricorde, faites-moi la grâce de n'agir pas en païen dans l'état où votre justice m'a réduit : que comme un vrai Chrétien je vous reconnaisse pour mon père et pour mon Dieu, en quelque état que je me trouve, puisque le changement de ma condition n'en apporte pas à la vôtre, que vous êtes toujours le même, quoique je sois sujet au changement, et que vous n'êtes pas moins Dieu quand vous affligez et quand vous punissez, que quand vous consolez et que vous usez d'indulgence.

Vous m'aviez donné la santé pour vous servir, et j'en ai fait un usage tout profane. Vous m'envoyez maintenant la maladie pour me corriger : ne permettez pas que j'en use pour vous irriter par mon impatience. J'ai mal usé de ma santé, et vous m'en avez justement puni : ne souffrez pas que j'use mal de votre punition. Et puisque la corruption de ma nature est telle qu'elle me rend vos faveurs pernicieuses, faites, ô mon Dieu ! que votre grâce toute-puissante me rende vos châtiments salutaires. Si j'ai eu le cœur plein de l'affection du monde pendant qu'il a eu quelque vigueur, anéantissez cette vigueur pour mon salut ; et rendez-moi incapable de jouir du monde, soit par faiblesse de corps, soit par zèle de charité, pour ne jouir que de vous seul.

O Dieu, devant qui je dois rendre un compte exact de toutes mes actions à la fin de ma vie et à la fin du monde ! O Dieu, qui ne laissez subsister le monde et toutes les choses du monde que pour exercer vos élus, ou pour punir les pécheurs ! O Dieu, qui laissez les pécheurs endurcis dans l'usage délicieux et criminel du monde ! O Dieu, qui faites mourir nos corps, et qui, à l'heure de la mort, détachez notre âme de tout ce qu'elle aimait au monde ! O Dieu, qui m'arracherez, à ce dernier moment de ma vie, de toutes les choses auxquelles je me suis attaché, et où j'ai mis mon cœur ! O Dieu, qui devez consumer au dernier jour le ciel et la terre et toutes les créatures qu'ils contiennent, pour montrer à tous les hommes que rien ne subsiste que vous, et qu'ainsi rien n'est digne d'amour que vous, puisque rien n'est durable que vous ! O Dieu, qui devez détruire toutes ces vilaines idoles et tous ces funestes objets de nos passions ! Je vous loue, mon Dieu, et je vous bénirai tous les jours de ma vie, de ce qu'il vous a plu prévenir en ma faveur ce jour épouvantable, en détruisant à mon égard toutes choses, dans l'affaiblissement où vous m'avez réduit. Je vous loue, mon Dieu, et je vous bénirai tous les jours de ma vie, de ce qu'il vous a plu me réduire dans l'incapacité de jouir des douceurs de la santé et des plaisirs du monde, et de ce que vous avez anéanti en quelque sorte, pour mon avantage, les idoles trompeuses que vous anéantirez effectivement pour la confusion des méchants, au jour de votre colère. Faites, Seigneur, que je me juge moi-même ensuite de cette destruction que vous avez faite à mon égard, afin que vous ne me jugiez pas vous-même ensuite de l'entière destruction que vous ferez de ma vie et du monde. Car, Seigneur, comme à l'instant de ma mort je me trouverai séparé du monde, dénué de toutes choses, seul en votre présence, pour répondre à votre justice de tous les mouvements de mon cœur, faites que je me considère en cette maladie comme en une espèce de mort, séparé du monde, dénué de tous les objets de mes attachements, seul en votre présence, pour implorer de votre miséricorde la conversion de mon cœur ; et qu'ainsi j'aie une extrême consolation de ce que vous m'envoyez maintenant une espèce de mort pour exercer votre miséricorde, avant que vous m'envoyiez effectivement la mort pour exercer votre jugement. Faites donc, ô mon Dieu, que comme vous avez prévenu ma mort, je prévienne la rigueur de votre sentence, et que je m'examine moi-même avant votre jugement, pour trouver miséricorde en votre présence.

Faites, ô mon Dieu, que j'adore en silence l'ordre de votre providence adorable sur la conduite de ma vie ; que votre fléau me console ; et qu'ayant vécu dans l'amertume de mes péchés pendant la paix, je goûte les douceurs célestes de votre grâce durant les maux salutaires dont vous m'affligez. Mais je reconnais, mon Dieu, que mon cœur est tellement endurci et plein des idées, des soins, des inquiétudes et des attachements du monde, que la maladie non plus que la santé, ni les discours, ni les livres, ni vos Écritures sacrées, ni votre Évangile, ni vos mystères les plus saints, ni les aumônes, ni les jeûnes, ni les mortifications, ni les miracles, ni l'usage des sacrements, ni le sacrifice de votre corps, ni tous mes efforts, ni ceux de tout le monde ensemble, ne peuvent rien du tout pour commencer ma conversion, si vous n'accompagnez toutes ces choses d'une assistance tout extraordinaire de votre grâce. C'est pourquoi, mon Dieu, je m'adresse à vous, Dieu tout-puissant, pour vous demander un don que toutes les créatures ensemble ne peuvent m'accorder. Je n'aurais pas la hardiesse de vous adresser mes cris, si quelque autre pouvait les exaucer. Mais, mon Dieu, comme la conversion de mon cœur, que je vous demande, est un ouvrage qui passe tous les efforts de la nature, je ne puis m'adresser qu'à l'auteur et au maître tout-puissant de la nature et de mon cœur. A qui crierai-je, Seigneur, à qui aurai-je recours, si ce n'est à vous ? Tout ce qui n'est pas Dieu ne peut pas remplir mon attente. C'est Dieu même que je demande et que je cherche ; et c'est à vous seul, mon Dieu, que je m'adresse pour vous obtenir. Ouvrez mon cœur, Seigneur ; entrez dans cette place rebelle que les vices ont occupée. Ils la tiennent sujette ; entrez-y comme dans la maison du fort ; mais liez auparavant le fort et puissant ennemi qui la maîtrise, et prenez ensuite les trésors qui y sont. Seigneur, prenez mes affections que le monde avait volées ; volez vous-même ce trésor, ou plutôt reprenez-le, puisque c'est à vous qu'il appartient, comme un tribut que je vous dois, puisque votre image y est empreinte. Vous l'y aviez formée, Seigneur, au moment de mon baptême qui est ma seconde naissance ; mais elle est tout effacée. L'idée du monde y est tellement gravée, que la vôtre n'est plus connaissable. Vous seul avez pu créer mon âme ; vous seul pouvez la créer de nouveau. Vous seul y avez pu former votre image : vous seul pouvez la reformer, et y réimprimer votre portrait effacé, c'est-à-dire Jésus-Christ mon Sauveur, qui est votre image et le caractère de votre substance.

O mon Dieu, qu'un cœur est heureux qui peut aimer un

objet si charmant, qui ne le déshonore point et dont l'attachement lui est si salutaire ! Je sens que je ne puis aimer le monde sans vous déplaire, sans me nuire et sans me déshonorer ; et néanmoins le monde est encore l'objet de mes délices. O mon Dieu, qu'une âme est heureuse dont vous êtes les délices, puisqu'elle peut s'abandonner à vous aimer, non seulement sans scrupule, mais encore avec mérite ! Que son bonheur est ferme et durable, puisque son attente ne sera point frustrée, parce que vous ne serez jamais détruit, et que ni la vie ni la mort ne la sépareront jamais de l'objet de ses désirs ; et le même moment, qui entraînera les méchants avec leurs idoles dans une ruine commune, unira les justes avec vous dans une gloire commune ; et que, comme les uns périront avec les objets périssables auxquels ils se sont attachés, les autres subsisteront éternellement dans l'objet éternel et subsistant par soi-même auquel ils se sont étroitement unis. Oh ! qu'heureux sont ceux qui avec une liberté entière et une pente invincible de leur volonté aiment parfaitement et librement ce qu'ils sont obligés d'aimer nécessairement !

Achevez, ô mon Dieu, les bons mouvements que vous me donnez. Soyez-en la fin comme vous en êtes le principe. Couronnez vos propres dons ; car je reconnais que ce sont vos dons. Oui, mon Dieu ; et, bien loin de prétendre que mes prières aient du mérite qui vous oblige de les accorder de nécessité, je reconnais très humblement qu'ayant donné aux créatures mon cœur, que vous n'aviez formé que pour vous, et non pas pour le monde, ni pour moi-même, je ne puis attendre aucune grâce que de votre miséricorde, puisque je n'ai rien en moi qui vous y puisse engager, et que tous les mouvements naturels de mon cœur, se portant vers les créatures ou vers moi-même, ne peuvent que vous irriter. Je vous rends donc grâces, mon Dieu, des bons mouvements que vous me donnez, et de celui même que vous me donnez de vous en rendre grâces.

Touchez mon cœur du repentir de mes fautes, puisque, sans cette douleur intérieure, les maux extérieurs dont vous touchez mon corps me seraient une nouvelle occasion de péché. Faites-moi bien connaître que les maux du corps ne sont autre chose que la punition et la figure tout ensemble des maux de l'âme. Mais, Seigneur, faites aussi qu'ils en soient le remède, en me faisant considérer, dans les douleurs que je sens, celle que je ne sentais pas dans mon âme, quoique toute malade et couverte d'ulcères. Car, Seigneur, la plus grande de ses maladies est cette insensibilité, et cette extrême faiblesse qui lui avait ôté tout sentiment de ses propres misères. Faites-les moi sentir vivement, et que ce qui me reste de vie soit une pénitence continuelle pour laver les offenses que j'ai commises.

Seigneur, bien que ma vie passée ait été exempte de grands crimes, dont vous avez éloigné de moi les occasions, elle vous a été néanmoins très odieuse par sa négligence continuelle, par le mauvais usage de vos plus augustes sacrements, par le mépris de votre parole et de vos inspirations, par l'oisiveté et l'inutilité totale de mes actions et de mes pensées, par la perte entière du temps que vous ne m'aviez donné que pour vous adorer, pour rechercher en toutes mes occupations les moyens de vous plaire, et pour faire pénitence des fautes qui se commettent tous les jours, et qui même sont ordinaires aux plus justes, de sorte que leur vie doit être une pénitence continuelle, sans laquelle ils sont en danger de déchoir de leur justice. Ainsi, mon Dieu, je vous ai toujours été contraire.

Oui, Seigneur, jusqu'ici j'ai toujours été sourd à vos ins-

pirations : j'ai méprisé vos oracles ; j'ai jugé au contraire de
ce que vous jugez ; j'ai contredit aux saintes maximes que
vous avez apportées au monde du sein de votre Père éternel, et suivant lesquelles vous jugerez le monde. Vous di-
tes : « Bienheureux sont ceux qui pleurent, et malheur à
ceux qui sont consolés. » Et moi j'ai dit : « Malheureux ceux
qui gémissent, et très heureux ceux qui sont consolés. » J'ai
dit : « Heureux ceux qui jouissent d'une fortune avanta-
geuse, d'une réputation glorieuse et d'une santé robuste. »
Et pourquoi les ai-je réputés heureux, sinon parce que tous
ces avantages leur fournissaient une facilité très ample de
jouir des créatures, c'est-à-dire de vous offenser ? Oui, Seigneur, je confesse que j'ai estimé la santé un bien non pas
parce qu'elle est un moyen facile pour vous servir avec utilité, pour consommer plus de soins et de veilles à votre ser-
vice, et pour l'assistance du prochain ; mais parce qu'à sa
faveur je pouvais m'abandonner avec moins de retenue
dans l'abondance des délices de la vie et en mieux goûter les
funestes plaisirs. Faites-moi la grâce, Seigneur, de réformer
ma raison corrompue, et de conformer mes sentiments aux
vôtres. Quee je m'estime heureux dans l'affliction, et que,
dans l'impuissance d'agir au-dehors, vous purifiiez tellement mes sentiments qu'ils ne répugnent plus aux vôtres ;
et qu'ainsi je vous trouve au-dedans de moi-même, puisque
je ne puis vous chercher au-dehors à cause de ma faiblesse.
Car, Seigneur, votre Royaume est dans vos fidèles ; et je le
trouverai dans moi-même, si j'y trouve votre Esprit et vos
sentiments.

Mais, Seigneur, que ferai-je pour vous obliger à répandre
votre Esprit sur cette misérable terre ? Tout ce que je suis
vous est odieux, et je ne trouve rien en moi qui vous puisse

agréer. Je n'y vois rien, Seigneur, que mes seules douleurs qui ont quelque ressemblance avec les vôtres. Considérez donc les maux que je souffre et ceux qui me menacent. Voyez d'un œil de miséricorde les plaies que votre main m'a faites, ô mon Sauveur, qui avez aimé vos souffrances en la mort ! O Dieu, qui ne vous êtes fait homme que pour souffrir plus qu'aucun homme pour le salut des hommes ! O Dieu, qui ne vous êtes incarné après le péché des hommes et qui n'avez pris un corps que pour y souffrir tous les maux que nos péchés ont mérités ! O Dieu, qui aimez tant les corps qui souffrent, que vous avez choisi pour vous le corps le plus accablé de souffrances qui ait jamais été au monde ! Ayez agréable mon corps, non pas pour lui-même, ni pour tout ce qu'il contient, car tout y est digne de votre colère, mais pour les maux qu'il endure, qui seuls peuvent être dignes de votre amour. Aimez mes souffrances, Seigneur, et que mes maux vous invitent à me visiter. Mais, pour achever la préparation de votre demeure, faites, ô mon Sauveur, que si mon corps a cela de commun avec le vôtre, qu'il souffre pour mes offenses, mon âme ait aussi cela de commun avec la vôtre, qu'elle soit dans la tristesse pour les mêmes offenses ; et qu'ainsi je souffre avec vous, et comme vous, et dans mon corps, et dans mon âme, pour les péchés que j'ai commis.

Faites-moi la grâce, Seigneur, de joindre vos consolations à mes souffrances, afin que je souffre en Chrétien. Je ne demande pas d'être exempt des douleurs ; car c'est la récompense des saints : mais je demande de n'être pas abandonné aux douleurs de la nature sans les consolations de votre Esprit ; car c'est la malédiction des Juifs et des Païens. Je ne demande pas d'avoir une plénitude de consolation sans aucune souffrance ; car c'est la vie de la gloire. Je ne demande pas aussi d'être dans une plénitude de maux sans consolation ; car c'est un état de Judaïsme. Mais je demande, Seigneur, de ressentir tout ensemble et les douleurs de la nature pour mes péchés, et les consolations de votre Esprit par votre grâce ; car c'est le véritable état du Christianisme. Que je ne sente pas des douleurs sans consolation ; mais que je sente des douleurs et de la consolation tout ensemble, pour arriver enfin à ne sentir plus que vos consolations sans aucune douleur. Car, Seigneur, vous avez laissé languir le monde dans les souffrances naturelles sans consolation, avant la venue de votre Fils unique : vous consolez maintenant et vous adoucissez les souffrances de vos fidèles par la grâce de votre Fils unique : et vous comblez d'une béatitude toute pure vos saints dans la gloire de votre Fils unique. Ce sont les admirables degrés par lesquels vous conduisez vos ouvrages. Vous m'avez tiré du premier : faites-moi passer par le second, pour arriver au troisième. Seigneur, c'est la grâce que je vous demande.

Ne permettez pas que je sois dans un tel éloignement de vous, que je puisse considérer votre âme triste jusqu'à la mort, et votre corps abattu par la mort pour mes propres péchés, sans me réjouir de souffrir et dans mon corps et dans mon âme. Car qu'y a-t-il de plus honteux, et néanmoins de plus ordinaire dans les Chrétiens et dans moi-même, que, tandis que vous suez le sang pour l'expiation de nos offenses, nous vivons dans les délices ; et que des Chrétiens qui font profession d'être à vous, que ceux qui par le baptême ont renoncé au monde pour vous suivre, que ceux qui ont juré solennellement à la face de l'Eglise de vivre et de mourir avec vous, que ceux qui font profession de croire que le monde vous a persécuté et crucifié, que ceux qui croient que vous vous êtes exposé à la colère de Dieu et à la cruauté des hommes pour les racheter de leurs crimes ; que ceux, dis-je, qui croient toutes ces vérités, qui considèrent votre corps comme l'hostie qui s'est livrée pour leur salut, qui considèrent les plaisirs et les péchés du monde comme l'unique sujet de vos souffrances, et le monde même comme votre bourreau, recherchent à flatter leurs corps par ces mêmes plaisirs, parmi ce même monde ; et que ceux qui ne pourraient, sans frémir d'horreur, voir un homme caresser et chérir le meurtrier de son père qui se serait livré pour lui donner la vie, puissent vivre comme j'ai fait, avec une pleine joie, parmi le monde que je sais avoir été véritablement le meurtrier de celui que je reconnais pour mon Dieu et mon père, qui s'est livré pour mon propre salut, et qui a porté en sa personne la peine de mes iniquités ? Il est juste, Seigneur, que vous ayez interrompu une joie aussi criminelle que celle dans laquelle je me reposais à l'ombre de la mort.

Otez donc de moi, Seigneur, la tristesse que l'amour de moi-même me pourrait donner de mes propres souffrances, et des choses du monde qui ne réussissent pas au gré des inclinations de mon cœur, qui ne regardent pas votre gloire ; mais mettez en moi une tristesse conforme à la vô-tre. Que mes souffrances servent à apaiser votre colère. Faites-en une occasion de mon salut et de ma conversion. Que je ne souhaite désormais de santé et de vie qu'afin de l'employer et la finir pour vous, avec vous et en vous. Je ne vous demande ni santé, ni maladie, ni vie, ni mort ; mais que vous disposiez de ma santé et de ma maladie, de ma vie et de ma mort, pour votre gloire, pour mon salut et pour l'utilité de l'Eglise et de vos saints, dont j'espère par votre grâce faire une portion. Vous seul savez ce qui m'est expédient : vous êtes le souverain maître, faites ce que vous voudrez. Donnez-moi, ôtez-moi ; mais conformez ma volonté à la vôtre ; et que, dans une soumission humble et parfaite et dans une sainte confiance, je me dispose à recevoir les ordres de votre providence éternelle, et que j'adore également tout ce qui me vient de vous.

Faites, mon Dieu, que dans une uniformité d'esprit toujours égale je reçoive toute sorte d'événements, puisque nous ne savons ce que nous devons demander, et que je n'en puis souhaiter l'un plutôt que l'autre sans présomption, et sans me rendre juge et responsable des suites que votre sagesse a voulu justement me cacher. Seigneur, je sais que je ne sais qu'une chose : c'est qu'il est bon de vous suivre, et qu'il est mauvais de vous offenser. Après cela je ne sais lequel est le meilleur ou le pire en toutes choses. Je ne sais lequel m'est profitable de la santé ou de la maladie, des biens ou de la pauvreté, ni de toutes les choses du monde. C'est un discernement qui passe la force des hommes et des anges, et qui est caché dans les secrets de votre providence que j'adore et que je ne veux pas approfondir.

Faites donc, Seigneur, que tel que je sois je me conforme à votre volonté ; et qu'étant malade comme je suis, je vous glorifie dans mes souffrances. Sans elles je ne puis arriver à la gloire ; et vous-même, mon Sauveur n'y avez voulu parvenir que par elles. C'est par les marques de vos souffrances que vous avez été reconnu de vos disciples ; et c'est par les souffrances que vous reconnaissez aussi ceux qui sont vos disciples. Reconnaissez-moi donc pour votre disciple dans les maux que j'endure et dans mon corps et dans mon esprit pour les offenses que j'ai commises. Et, parce que rien n'est agréable à Dieu s'il ne lui est offert par vous, unissez ma volonté à la vôtre, et mes douleurs à celles que vous avez souffertes. Faites que les miennes deviennent les vôtres. Unissez-moi à vous ; remplissez-moi de vous et de votre Esprit-Saint. Entrez dans mon cœur et dans mon âme, pour y porter mes souffrances, et pour continuer d'endurer en moi ce qui vous reste à souffrir de votre Passion, que vous achevez dans vos membres jusqu'à la consommation parfaite de votre Corps ; afin qu'étant plein de vous ce ne soit plus moi qui vive et qui souffre, mais que ce soit vous qui viviez et qui souffriez en moi, ô mon Sauveur : et qu'ainsi, ayant quelque petite part à vos souffrances, vous me remplissiez entièrement de la gloire qu'elles vous ont acquise, dans laquelle vous vivez avec le Père et le Saint-Esprit, par tous les siècles des siècles. Ainsi soit-il.